COLLECTION

STUMPF

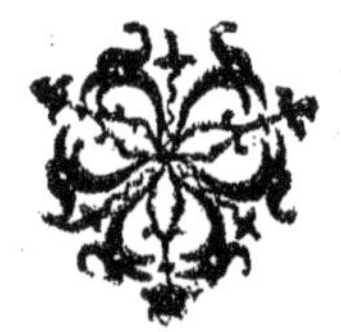

COLLECTION

DE FEU

M. F. STUMPF

CONDITIONS DE LA VENTE

Elle sera faite au comptant.

Les acquéreurs paieront *dix pour cent* en sus des enchères.

Paris — Imp. Georges Petit, 12, rue Godot-de-Mauroi. — 16428-06.

CATALOGUE

DE

TABLEAUX

MODERNES

PAR

J. BAIL, BOUDIN, BOULARD, J.-L. BROWN, CHAIGNEAU
CHINTREUIL, G. COLIN, COROT, COURBET, DAUBIGNY, DELPY, DIAZ
DUFEU, DUPRÉ, FANTIN-LATOUR, FICHEL
GUILLAUMIN, HARPIGNIES, HENNER, HIRSCHFELD, ISABEY, CH. JACQUE
JONGKIND, LEBOURG, LÉPINE, MONTICELLI, PALIZZI, PISSARRO
RAFFAELLI, SISLEY, THAULOW
VEYRASSAT, VIGNON, VOGLER, VOLLON, ZIEM, ETC.

Composant la

Collection de feu M. F. STUMPF

ET DONT LA VENTE AURA LIEU A PARIS

GALERIE GEORGES PETIT

8, RUE DE SÈZE, 8

Le Lundi 7 Mai 1906, à 2 heures

COMMISSAIRE-PRISEUR

Me PAUL CHEVALLIER, 10, rue Grange-Batelière

EXPERTS

M. GEORGES PETIT
8, rue de Sèze, 8

M. MAURICE MALLET
13, rue du Helder, 13

EXPOSITIONS

PARTICULIÈRE : *Le Samedi 5 Mai 1906, de 1 heure à 6 heures*
PUBLIQUE : *Le Dimanche 6 Mai 1906, de 1 heure à 6 heures*

Tableaux Modernes

BAIL

(JOSEPH)

1 — *Les Cerises à l'eau-de-vie.*

Signé à gauche, en bas.

Panneau. Haut., 40 cent.; larg., 31 cent.

Succession de Mlle L. P..., vente du 7 avril 1905.

BOUDIN

(EUGÈNE)

2 — *Le Pâturage.*

Signé à gauche, en bas: *E. Boudin, 89.*

Toile. Haut., 36 cent.; larg., 46 cent.

BOUDIN

(EUGÈNE)

3 — *Venise.*

Au fond, les bâtiments de la Douane et Santa Maria della Salute. Au premier plan, des gondoles amarrées près des marches qui mènent au quai des Esclavons. Quelques promeneurs mettent leur note bariolée dans ce paysage gris.

Signé à droite, en bas : *Boudin.*

Toile. Haut., 36 cent. ; larg., 55 cent.

BOUDIN

(EUGÈNE)

4 — *Le Bassin à marée haute.*

Le long des quais, à droite et à gauche, des bateaux sont amarrés. Au milieu, une barque traverse, s'avançant vers la gauche. Autour du bassin, on aperçoit les constructions de la ville, dominées à gauche par un clocher élancé. Des nuées grises roulent au-devant d'un ciel d'azur.

Signé à gauche, en bas : *E. Boudin, 95.*

Panneau. Haut., 33 cent. ; larg., 46 cent.

BOUDIN

(EUGÈNE)

5 — *En Rade du Havre.*

A droite, quelques bateaux de pêche, toutes voiles dehors, dont un bateau pilote, liston blanc et ancre peinte sur la voile ; vers la gauche, un vapeur va passer près d'une bouée fixe rouge. Au fond, un autre vapeur s'éloigne. De gros nuages blancs et gris roulent au-devant de l'azur.

Signé à gauche, en bas : *E. Boudin, 94.*

Toile. Haut., 46 cent. 1/2 ; larg., 65 cent. 1/2.

BOUDIN

(EUGÈNE)

6 — *Le Port d'Anvers.*

A droite, le quai avec un débarcadère auprès duquel sont amarrées des barques de pêche. Puis, vers la gauche, le fleuve large, à la surface duquel se balance toute une flottille de bateaux. L'un, côtre rouge, prend le vent. Au fond, à droite, la ville dominée par la tour de la cathédrale. Ciel clair : nuages blancs passant sur un fond d'azur pâle.

Signé à droite, en bas : *E. Boudin, Anvers, 71.*

Toile. Haut., 51 cent. ; larg., 76 cent.

BOUDIN

(EUGÈNE)

7 — *Les Enfants sur la plage, à Berck.*

A droite, un bateau de pêche à sec, autour duquel et dans lequel se tiennent plusieurs matelots. A gauche, assises, couchées ou debout sur le sable, un groupe de fillettes en bonnets blancs. Ciel gris.

Signé à droite, en bas : *E. Boudin, 85.*
A gauche, en bas : *Berck.*

Panneau. Haut., 27 cent. ; larg., 46 cent.

BOUDIN

(EUGÈNE)

8 — *Réunion sur la plage, à Trouville.*

Signé à gauche, en bas : *E. Boudin, 84.*

Panneau. Haut., 14 cent. ; larg., 26 cent.

BOUDIN

(EUGÈNE)

9 — *Les Barques, à Étretat.*

Sur les galets, les barques ont été amenées à l'aide du cabestan. Coques noires et coques rouges à listons blancs. Plus loin, la mer bleue sous le ciel ennuagé de gris, et quelques voiliers balancés par la vague basse.

Signé à droite, en bas : *Étretat, E. Boudin, 94.*

Panneau. Haut., 35 cent.; larg., 45 cent.

BOUDIN

(EUGÈNE)

10 — *Trouville, la Plage.*

Au bord de la plage, les chaises ont été amenées et les baigneurs sont installés par groupes. Des enfants jouent, tandis que des femmes, parfois en costumes voyants, robes bleues ou manteaux rouges, regardent et papotent. A l'horizon, au-dessus duquel plane un ciel gris, on aperçoit quelques barques à voiles.

Signé à droite, en bas : *Boudin.*

Daté à gauche, en bas : *Trouville, 74.*

Panneau. Haut., 18 cent. 1/2 ; larg., 32 cent.

BOUDIN

(EUGÈNE)

11 — *Un Coup de mer.*

Signé à droite, en bas : *E. Boudin.*

Toile. Haut., 20 cent.; larg., 30 cent.

BOUDIN

(EUGÈNE)

12 — *Laveuses au bord de la rivière.*

Signé à droite, en bas : *E. Boudin.*

Panneau. Haut., 19 cent. 1/2; larg., 31 cent. 1/2.

BOUDIN

(EUGÈNE)

13 — *Les Jetées à marée basse.*

Signé à gauche, en bas : *E. Boudin, 94.*

Panneau. Haut., 35 cent.; larg., 26 cent.

BOUDIN

(EUGÈNE)

14 — *Pâturage en Normandie*

Dans un pré vert, les vaches et les bœufs sont en train de paître, les uns couchés, les autres debout et en marche. Au fond, à droite, de l'autre côté d'une étroite rivière, le terrain se relève en un coteau boisé. A gauche, entre l'écartement de quelques massifs d'arbres, on aperçoit au loin un petit clocher d'église.

Signé à droite, en bas : *E. Boudin, 1880.*

Toile. Haut., 35 cent.; larg., 57 cent.

BOUDIN

(EUGÈNE)

15 — *Goélettes à marée basse.*

A l'abri de la jetée aux lourdes solives goudronnées, les goélettes-barques ont leurs coques noires à sec sur le sable, que l'eau laisse découvert. Leurs mâtures se dressent, aux fils enchevêtrés, sur le fond du ciel bleu, au-devant duquel s'envolent des nuages blancs.

Signé à gauche, en bas : *E. Boudin.*

Panneau. Haut., 34 cent. 1/2 ; larg., 26 cent.

BOUDIN

(EUGÈNE)

16 — *L'Heure calme sur la plage.*

C'est à Trouville, sur la plage : quelques dames sont assemblées assises et laissent couler les heures en lisant, brodant ou causant, tandis que devant elles, au large, un vapeur apparaît à l'horizon.

Signé à gauche, en bas : *E. Boudin, 74.*

Toile. Haut., 23 cent. 1/2; larg., 31 cent. 1/2.

BOUDIN

(EUGÈNE)

17 — *Le Bassin à marée basse.*

La mer, en se retirant, laisse à découvert le sol. A l'endroit le plus creux, l'eau stagne, toute bleue des reflets du ciel bleu. A droite, sur le sable, les sloops de pêche sont à sec. Au fond, d'autres bateaux sont également sur le flanc. Au milieu, dans les premiers plans, deux mathurins manœuvrent une barque blanche.

Signé à droite, en bas : *E. Boudin.*

Panneau. Haut., 24 cent.; larg., 31 cent.

BOUDIN

(EUGÈNE)

18 — *Port de Trouville, marée basse.*

L'eau s'est retirée, laissant à découvert les berges, le long desquelles, à droite, des bateaux de pèche sont amarrés. Au premier plan, du même côté, des femmes sont en train de laver du linge. A gauche, de l'autre côté de l'eau, deux gamins s'amusent à faire des trous dans le sable. Au fond, plus loin que les berges, sur lesquelles quelques barques sont à sec, les constructions de la ville s'entassent. Le ciel est bleu, avec quelques nuages blancs.

Signé à droite, en bas : *E. Boudin.*

Panneau. Haut., 26 cent. 1/2; larg., 40 cent.

BOUDIN

(EUGÈNE)

19 — *Venise.*

Près de l'embarcadère, à gauche, le long du quai, des gondoles sont amarrées, attendant les promeneurs. De l'autre côté du canal aux eaux bleues, la ville dresse ses palais et ses dômes sous un ciel clair.

Signé à gauche, en bas : *E. Boudin, 93.*

Panneau. Haut., 18 cent.; larg., 39 cent.

BOULARD

20 — *Pâquerettes dans un vase.*

Signé à gauche, en bas : *A. Boulard.*

Toile. Haut., 35 cent.; larg., 27 cent.

BROWN

(J.-L.)

21 — *La Rencontre dans le parc.*

Une jeune femme en toilette bleue est descendue de sa chaise dans le parc. A sa rencontre un cavalier en habit rouge s'est avancé ; il a arrêté son cheval devant elle et la salue de son tricorne noir. Derrière le cheval, un chien se tient en arrêt. Les figures se dessinent en tons vifs sur un fond de massif d'arbres.

Signé au milieu, en bas : *John Lewis Brown.*

Daté à droite, en bas : *1880.*

Peint sur carton. Haut., 23 cent. 1/2; larg., 16 cent.

CHAIGNEAU

22 — *Le Troupeau.*

Signé à droite, en bas : *E.-D. Chaigneau.*

Toile. Haut., 26 cent.; larg., 40 cent.

CHINTREUIL

23 — *Le Vieux saule.*

Au milieu du pré, le saule, sous la lente poussée des tempêtes et des années, a pris des airs de géant vaincu qui résiste encore. Son tronc, comme un torse blessé, se renverse, mais il lève quand même vers le ciel des branches vigoureuses et jeunes. Autour de lui, témoins silencieux, des arbres semblent assister à cette agonie, dont chaque printemps nouveau fait une résurrection. A travers le rideau des feuilles, on aperçoit une maison coiffée de tuiles rouges.

Signé à droite, en bas : *Chintreuil.*

Toile. Haut., 42 cent.; larg., 66 cent.

Vente Desbrosses, n° 19. Porte au dos le cachet de la vente.

CHINTREUIL

24 — *Chevrier dans les bois de la Tournelle.*

Dans la clairière, appuyé contre un grand arbre dont le panache feuillu s'élève vers le ciel, le petit chevrier, en pantalon noir et veste brune, joue du pipeau. Devant lui, trois chèvres blanches broutent ou se reposent. Autour d'eux, les arbres s'élèvent, aux essences diverses et frissonnant dans l'atmosphère aérienne.

Le sol, qui reçoit quelques rayons de soleil, est marqué de place en place, par des touffes de bruyères roses. Dans le ciel bleu s'envolent de belles nuées transparentes.

Signé à gauche, en bas : *Chintreuil.*

Panneau. Haut., 64 cent.; larg., 53 cent.

Vente Desbrosses, n° 9.

CHINTREUIL

25 — *Sureaux et prés fleuris baignés de soleil.*

Signé à droite, en bas : *Chintreuil.*

Toile. Haut., 34 cent. ; larg., 56 cent.

Vente Desbrosses, n° 10.
Catalogue général édité par Cadard, n° 225.
Exposition à l'École des Beaux-Arts (1874), n° 142.

CHINTREUIL

26 — *Le Bouleau blanc. Bois taillis en automne.*

Signé à droite, en bas : *Chintreuil.*

Toile. Haut., 24 cent. ; larg., 16 cent.

Catalogue général édité par Cadart, n° 46.
Vente Desbrosses. Porte au dos le cachet de la collection.

COLIN

(GUSTAVE)

27 — *Dans les Gorges du Tarn.*

Signé à gauche, en bas : *Gustave Colin, 1879.*

Panneau. Haut., 41 cent.; larg., 32 cent.

COROT

28 — *Danse rustique.*

Sur l'herbe tendre, au bord de la rivière qui tourne, un berger et une bergère dansent, tandis qu'à l'ombre d'un massif d'arbres, un de leurs compagnons gratte de la guitare. Derrière le musicien, deux autres figures debout. Dans les frondaisons des arbres passent des frissons doux ; l'atmosphère s'emplit de blondes clartés et, sur le fond, illuminé de soleil chaud, les massifs d'arbres qui se dressent sur chaque rive forment un rideau transparent.

Signé à droite, en bas : *Corot.*

Au dos de la toile, on lit : *Offert à Mme Stumpf, C. Corot, 1870.*

Toile. Haut, 49 cent. 1/2; larg., 36 cent

Exposition du centenaire de Corot.

COURBET

29 — *Le Cerf au abois.*

A droite, au fond, la haute muraille des roches, dont le pied s'est creusé pour laisser sourdre une source. Aux arêtes de ces roches, les plantes parasites se sont accrochées et poussent leurs brindilles vertes. A gauche, au fond, la forêt, au-dessus de laquelle plane un ciel bleu. Au premier plan, un cerf va s'élancer dans la source.

Signé à gauche, en bas: *69, Gustave Courbet.*

Toile. Haut., 78 cent.; larg., 57 cent.

DAUBIGNY

30 — *Le Botin.*

Au bord de la Seine, *le Botin* (bateau de Daubigny) est amarré : deux artistes sont sous l'auvent de la cahute et peignent: devant eux, le fleuve s'étend large, agrémenté sur la rive opposée d'un petit bois. A droite, le soleil se lève derrière un autre massif d'arbres, et ses reflets mettent de belles clartés chaudes dans l'eau qui frissonne et dans le ciel que traverse un vol d'oiseau.

Signé à gauche, en bas: *Daubigny, 1874.*

Panneau. Haut., 38 cent.; larg., 55 cent.

DELPY

(H.-C.)

31 — *L'Été.*

A gauche, une rive boisée que traverse un sentier. Au bord de la rivière, un pêcheur à la ligne et, plus loin, sur un promontoire, des laveuses occupées à leurs besognes ménagères. A droite, la rivière et, suivant le courant, une barque occupée par un pêcheur et une femme vêtue de blanc qui s'abrite du soleil sous une ombrelle rouge. De l'autre côté de la rivière, des coteaux verdoyants, dominés par un petit moulin sous un ciel clair où s'envolent des nuées blanches.

Signé à droite, en bas : *H.-C. Delpy.*

Panneau. Haut., 32 cent. 1/2 ; larg., 41 cent.

DELPY

(H.-C.)

32 — *L'Été au bord de la rivière.*

Signé à droite, en bas : *H.-C. Delpy.*

Panneau. Haut., 29 cent. 1/2 ; larg., 53 cent.

DIAZ

(NARCISSE)

33 — *Galatée.*

Galatée est debout, chaste en sa beauté nue de statue ; Pygmalion, près d'elle agenouillé, la contemple. Autour d'eux, des amours joufflus s'envolent, tandis que l'un d'eux, plus espiègle, soulève des draperies rouges. Au pied du couple, une corbeille de fruits renversée et un réchaud d'encens allumé. Derrière eux, un autel de pierre surlequel Pygmalion voudrait nouer des serments d'amour.

Signé à droite, en bas: *N. Diaz.*

Panneau. Haut., 32 cent. 1/2. ; larg., 24 cent. 1/2.

DUFEU

34 — *La Caravane en Algérie.*

Signé à droite, en bas: *E. Dufeu, 1884.*

Panneau. Haut., 25 cent. 1/2 ; larg., 35 cent.

DUPRÉ

(JULES)

35 — *Le Moulin au bord de la mare.*

Au bord d'une mare, qui occupe le premier plan, à gauche, deux vaches se désaltèrent ; l'une, de profil à droite, est dans l'eau jusqu'aux jarrets. Au milieu, à quelque distance de la mare, un moulin se dresse, dessinant sa silhouette enveloppée sur le fond d'un ciel bleu largement marqué par des nuées blanches et grises. Autour du moulin, la plaine s'étend à perte de vue. On aperçoit à gauche au lointain une église, puis quelques toitures d'un hameau.

Signé à droite, en bas : *J. Dupré.*

Toile. Haut., 23 cent. 1/2 ; larg., 32 cent. 1/2.

DUPRÉ

(JULES)

36 — *Pont de l'Isle-Adam.*

En aval d'un pont dont l'arche s'ouvre à droite et dessine sa courbe dans l'eau toute frissonnante des reflets tombés d'un ciel ensoleillé, un pêcheur, dans l'ombre des massifs d'arbres qui hérissent la rive, mène sa barque. Au-dessus des frondaisons, à gauche, on aperçoit les toitures de deux maisons. Au fond, au-dessus d'une plaine aux ondulations verdoyantes, le ciel plane, tout d'azur vêtu, avec quelques nuées blanches.

Signé à gauche, en bas: *J. Dupré.*

Toile. Haut., 54 cent.; larg., 42 cent.

FANTIN-LATOUR

37 — *L'Ondine.*

Elle est couchée sur le flot; son corps nu et jeune est caressé par les vagues. De sa main droite relevée et rejetée en arrière, elle se plaît à sentir flotter les tresses d'or de sa chevelure; derrière elle, les masses d'eau soulevée prennent sous la lumière des accents étranges : on y voit passer une flore fantastique: mais l'ondine sourit, calme, au milieu du tumulte des choses.

Signé à droite, en haut : *Fantin.*

Toile. Haut., 56 cent.; larg., 67 cent.

FERRIER
(GABRIEL)

38 — *La Nuque blonde.*

Signé à gauche, en haut : *Gabriel Ferrier.*

Panneau. Haut., 43 cent.; larg., 35 cent. 1/2.

FICHEL

39 — *L'Horoscope.*

Signé à gauche, en bas : *E. Fichel, 1869.*

Panneau. Haut., 27 cent.; larg., 20 cent.

GUILLAUMIN

40 — *La Seine, à Argenteuil.*

Signé à droite, en bas : *Guillaumin.*

Toile. Haut., 46 cent.; larg., 80 cent.

GUILLAUMIN

41 — *Déchargement de meulière au bord de la Seine.*

Signé à gauche, en bas : *Guillaumin.*

Toile. Haut., 41 cent.; larg., 59 cent.

HARPIGNIES

42 — *Saint-Privé.*

Disséminées dans la compagne boisée, les maisons se dressent, coiffées de tuiles sombres. Au premier plan, la rivière coule, encaissée entre des rives verdoyantes. Au fond, à gauche, une arche de pont. Du même côté, un petit sentier est tracé sur le sol herbeux. Quelques nuées blanches et roses courent dans le ciel bleu.

Signé à gauche, en bas : *Harpignies, 82.*

Toile. Haut., 31 cent.; larg., 51 cent.

HARPIGNIES

43 — *La Vallée.*

De l'autre côté du sol relevé, à droite, on aperçoit la vallée, au creux de laquelle coule un ruisseau. Sur l'autre rive, ce sont des coteaux qui montent sous un ciel chaud d'été. A gauche, au premier plan, un arbre étend autour de lui ses branches au feuillage léger. Puis, partout, la campagne apparait joyeuse de soleil et de lumière.

Signé à droite, en bas : *Harpignies, 95.*

Toile. Haut., 30 cent. 1/2 ; larg., 44 cent.

HARPIGNIES

44 — *Paysage de l'Allier.*

Au premier plan, le pré est marqué de grandes ombres que font ramper les arbres aux frondaisons balancées sur le fond lumineux. A l'extrémité du pré, les maisons du village sont groupées, montrant leurs toits de tuiles brunes.

Signé à gauche, en bas : ***H. Harpignies**, 92.*

Toile. Haut., 43 cent.; larg., 31 cent.

HENNER

45 — *La Dryade.*

Debout, dans l'ombre des bois, la nymphe apparaît de face, simple et fière dans sa beauté nue; elle tient de ses deux mains relevées les longues tresses fauves de sa chevelure dénouée. Elle foule de son pied ferme l'herbe mouillée, tandis que, au fond, à droite, dans l'écartement des branches, on aperçoit un coin de ciel bleu.

Signé à droite, en bas : *J.-J. **Henner**.*

Toile. Haut., 55 cent.; larg., 33 cent.

Collection de M. E. Corroyer, membre de l'Institut.

HIRSCHFELD

46 — *Concarneau, la nuit.*

Signé à droite, en bas : *E.-B. Hirschfeld.*

Toile. Haut., 38 cent. ; larg., 46 cent.

HIRSCHFELD

47 — *Le Phare de Concarneau au crépuscule.*

Signé à gauche, en bas : *E.-B. Hirschfeld.*

Toile. Haut., 41 cent.; larg., 61 cent.

ISABEY

(EUGÈNE)

48 — *Avant le grain.*

Les sloops de pêche viennent d'être surpris par le vent qui annonce le grain, et l'équipage s'emploie à la manœuvre des voiles. Sur le ciel passent de grandes nuées tumultueuses.

Signé à gauche, en bas : *E. Isabey, 74.*

Panneau. Haut., 27 cent.; larg., 35 cent.

JACQUE

(CHARLES)

49 — *Au Poulailler.*

Une poule de Houdan blanche et noire et une poule havane picorent parmi les brins de paille qui jonchent le sol.

Signé à gauche, en bas : *Ch. Jacque.*

Panneau. Haut., 11 cent.; larg., 16 cent.

JACQUE

(CHARLES)

50 — *Deux Poules.*

Dans un coin de basse-cour, deux poules, l'une havane, l'autre tachetée de noir et de blanc, donnent à tour de rôle du bec dans une feuille de chou.

Signé à droite, en haut : *Ch. Jacque.*

Avec cette dédicace à gauche, en haut : *A mon ami M. Lévy.*

Panneau. Haut., 11 cent.; larg., 14 cent.

JONGKIND

51 — *Rotterdam, le Port au Saumon.*

C'est le soir. Au-dessus du canal, la lune monte, mettant de chauds reflets à la surface frissonnante de l'eau. A droite, masse sombre aux arêtes précises, un bateau de pêche est amarré. Au fond, dans l'atmosphère transparente, on aperçoit un moulin. Dans le ciel, des nuages s'envolent tragiques, brodés de lumières fauves.

Signé à droite, en bas : *Jongkind, 1870.*

Toile. Haut., 33 cent. ; larg., 24 cent. 1/2.

LEBOURG

52 — *La Seine, à Grenelle.*

Au premier plan, à gauche, en contre-bas du quai planté de rangées d'arbres, voici la berge avec les passerelles qui conduisent aux pontons des Bateaux parisiens. Le long du fleuve, dont l'eau parait bleue sous le reflet d'un ciel d'azur clair ennuagé de rose, des chalands sont amarrés; de l'autre côté, c'est tout le faubourg de Javel qui apparait.

Signé à gauche, en bas : *A. Lebourg.*

Toile. Haut., 41 cent.; larg., 65 cent.

LEBOURG

53 — *La Route de Dieppe.*

Au milieu, la route poudreuse sur laquelle s'engage l'omnibus de correspondance. A gauche, les maisons aux murs de briques et un talus. A droite, des prés et au loin la mer bleue. Le ciel est très bleu également, avec quelques floconnements de nuages.

Signé à gauche, en bas : *A. Lebourg, Dieppe, 1879.*

Toile. Haut., 32 cent.; larg., 62 cent. 1/2.

LEBOURG

54 — *Foire de Chigna (Puy-de-Dôme).*

Le long de la route qui se dessine au milieu du pré, toute une théorie de paysans se dirige vers le champ de foire, dont on aperçoit au loin les bâches et les mâts. Vers la gauche, dans la verdure, se dresse un petit château, coiffé de tuiles rouges et grises. Au-devant du ciel bleu s'envolent quelques nuées blanches à reflets fauves.

Signé à gauche, en bas : *A. Lebourg, foire de Chigna (Puy-de-Dôme), 1885.*

Toile. Haut., 34 cent.; larg., 64 cent.

LÉPINE

(STANISLAS)

55 — *Le Chemin.*

Le chemin est encaissé entre un talus à gauche, vêtu d'herbes claires, et un déblais à droite, dont les mousses parasites ont envahi les pierres. Sur le chemin, une paysanne et une fillette s'avancent. Plus loin, au tournant, on aperçoit un chariot traîné par deux chevaux blancs. Plus loin encore, au-dessus d'un ressaut du sol, ce sont des champs marqués par des carrés de culture, puis une ville, dont la flèche s'élance sous le ciel gris dans une atmosphère blonde et fluide.

Signé à droite, en bas : *S. Lépine.*

Toile. Haut., 22 cent.; larg., 31 cent. 1/2.

LÉPINE

(STANISLAS)

56 — *Le Pêcheur.*

L'endroit où la rivière tourne. A gauche, près de l'une des rives, un homme manœuvre une barque ; sa silhouette se détache comme un point de lumière sur le beau décor des arbres qui se dressent derrière lui. A droite, au premier plan, dans un pré, une paysanne donnant la main à une fillette, fait brouter une chèvre blanche. Du même côté, mais plus loin, des constructions de fermes s'indiquent. Au fond, une ligne de coteaux ondule à l'horizon, sous un ciel d'azur superbement illuminé de clartés blondes et traversé par des nuées blanches, roses et violettes.

Signé à gauche, en bas : *S. Lépine.*

Panneau. Haut., 22 cent.; larg., 34 cent.

LÉPINE

(STANISLAS)

57 — *Le Chenal.*

Le long des berges du chenal, les sloops de pêche sont amarrés et, sur la pente de ces berges, des barques sont à sec, l'eau se retire. Dans les flaques, un pêcheur marche, tandis que, près de lui, un homme manœuvre une barque. A droite, au-dessus de la berge et de l'autre côté d'une rangée d'arbres, on aperçoit une maison dont la moitié du rez-de-chaussée est peinte en vert. A gauche, d'autres maisons s'alignent, découpant leur silhouette sur un ciel clair.

Signé à gauche, en bas : *S. Lépine.*

Toile. Haut., 39 cent.; larg., 60 cent.

LÉPINE

(STANISLAS)

58 — *La Seine au port du Mail (marché aux pommes).*

L'endroit où une rampe descend au fleuve, et où les bateaux chargés de pommes s'alignent, coiffés de leurs bâches de toile. Des hommes sont occupés à diverses besognes, débardeurs, roulottiers, pêcheurs à la ligne. A droite, le mur du quai et le petit bâtiment de la navigation reçoivent une lumière blonde. A gauche, les constructions apparaissent, la façade à contre-jour, les angles illuminés de clartés. Le ciel est bleu, avec des nuages blancs et des stries de lumière fauve qui se reflètent dans l'eau et font sur le sol de la rampe de belles taches de clarté chaude.

Signé à droite, en bas : *S. Lépine.*

Toile. Haut., 34 cent.; larg., 45 cent.

LÉPINE

(STANISLAS)

59 — *La Butte aux Moulins.*

La rue, large, est bordée à droite et à gauche de constructions basses ; le sol, creusé par places par le charroi des fardiers, supporte cependant une partie d'herbes non foulées. A l'endroit où la route tourne, le terrain se relève légèrement, et est dominé plus loin, qu'un grand arbre, par un clocher et deux moulins. Sur la route, quelques personnages et un chariot qui s'éloigne ; le ciel est bleu foncé.

Signé à droite, en bas : *S. Lépine.*

Toile. Haut., 22 cent. ; larg., 27 cent.

LÉPINE

(STANISLAS)

60 — *La Seine aux environs de Paris.*

Signé à droite, en bas : *S. Lépine.*

Toile. Haut., 26 cent.; larg., 40 cent. 1/2.

LÉPINE

(STANISLAS)

61 — *La Seine au pont de la Concorde.*

Sur la rive droite, l'ancienne frégate : au premier, la berge de la rive gauche ; un fardier s'éloigne pour gagner la rampe, tandis que, du côté opposé, un chariot, ses trois chevaux arrêtés, attend d'être chargé. Tout à fait à droite, en amont du pont, le ponton des bateaux-mouches. Au-dessus du pont, la cime des arbres des Tuileries. A gauche, au fond, la ligne de l'obélisque, puis les premiers arbres du Cours la Reine. Entre les deux rives, la Seine coule grise, entraînant les reflets clairs qui tombent du ciel bleu, enveloppé de nuages.

Signé à droite, en bas : *S. Lépine.*

Toile. Haut., 24 cent. ; larg., 25 cent. 1/2.

LÉPINE

(STANISLAS)

62 — *La Voile blanche.*

Le long de la rivière, la barque aux voiles blanches descend le courant. Sur la rive, se dressent des arbres aux frondaisons déjà rouillées par l'automne, et, plus haut que les branches, le ciel agite des nuées tragiques, grises et blanches, qui roulent dans l'infini. Au premier plan, la rivière blanche coule avec des reflets gris.

Signé à droite, en bas : *S. Lépine.*

Panneau. Haut., 24 cent.; larg., 32 cent.

LE SIDANER

63 — *La Nuit au bord du canal.*

Le canal passe au pied des maisons qui se réfléchissent dans l'eau profonde : c'est l'heure mystérieuse. Dans le ciel clair, la lune jette ses reflets ; au milieu, l'une des demeures a sa façade largement éclairée ; aux fenêtres d'un étage, les vitres s'embrasent d'une clarté artificielle.

Signé à droite, en bas : *Le Sidaner.*

Toile. Haut., 45 cent. 1/2 ; larg., 34 cent 1/2.

MARAIS

64 — *Vaches au pâturage, au Brœuil-en-Auge (Calvados).*

Signé à droite, en bas : *Ad. Marais.*

Toile. Haut., 34 cent. 1/2 ; larg., 45 cent.

MARAIS

65 — *Vaches au bord d'un étang.*

Signé à droite, en bas : *Ad. Marais.*

Toile. Haut., 33 cent. 1/2; larg., 44 cent. 1/2.

METTLING

66 — *Le Convoi.*

Signé à gauche, en bas : *L. Mettling, 91.*
A droite, en bas, le timbre de la vente.

Panneau. Haut., 18 cent.; larg., 31 cent.

METTLING

67 — *La Roulotte dans la neige.*

Signé à gauche, en bas : *L. Mettling.*
Porte à droite, en bas, le timbre de la vente (1905).

Panneau. Haut., 17 cent. 1/2 ; larg., 30 cent.

METTLING

68 — *Le Bretteur.*

Signé à gauche, en bas : *L. Mettling.*

Haut., 41 cent. ; larg., 27 cent..

MONTICELLI

69 — *Fleurs dans un bac de porcelaine.*

Signé à gauche, en bas : *Monticelli.*

Panneau. Haut., 52 cent. ; larg., 33 cent.

MONTICELLI

70 — *La Promenade dans le parc.*

Signé à droite, en bas.

Haut., 25 cent.; larg., 28 cent

Collection du Dr Mireur.

Vente de Mme de R. (6 avril 1905).

PALIZZI

71 — *L'Ane et la Chèvre.*

Signé à droite, en bas : *Palizzi.*

Toile. Haut., 27 cent. 1/2; larg., 21 cent.. 1/2.

PALIZZI

72 — *Les Petits bergers.*

Signé à droite, en bas : *Palizzi.*

Toile. Haut., 27 cent. 1/2; larg., 22 cent.

PISSARRO

73 — *La Seine, à Poissy.*

A l'endroit où le fleuve tourne. A gauche, un remorqueur traînant les chalands; puis des massifs d'arbres. A gauche, au bord du chemin de halage, un pêcheur à la ligne, puis d'autres chalands amarrés et, sur le chemin bordé d'une rangée d'arbres, deux promeneurs, que va croiser un chariot attelé de deux chevaux. Au fond, les maisons de la petite ville, apparues entre les cimes des arbres.

Signé à droite, en bas : *C. Pissarro, 1871.*

Toile. Haut., 44 cent.; larg., 60 cent.

RAFFAELLI

74 — *La Jeune fille à la mantille noire.*

Sur un fond blanc, la figure d'une jeune fille vue de face, assise, se dégage. Elle est vêtue d'une matinée blanche brodée de bleu, et coiffée sur ses cheveux blonds d'une mantille noire. Elle tient dans ses bras et sur ses genoux toute une gerbée de roses, de pervenches, de marguerites, de narcisses, etc.

Signé à droite, en bas : *J.-F. Raffaëlli.*

Toile. Haut., 80 cent.; larg., 65 cent.

SISLEY

75 — *Autour de la forêt.*

A gauche, un chemin s'enfonce sous la forêt ; à droite, dans le champ qu'on a fauché, les paysans ont construit des meules. Au premier plan, du même côté, un arbre se dresse, dont les branches aux feuilles jaunes s'illuminent de soleil : et c'est du soleil encore qui inonde tout ce coin de nature, le chemin, le champ, l'air, le ciel bleu, pour une harmonie de gaieté forte qui traduit l'ample poésie de cette nature en fête.

Signé à droite, en bas : *Sisley.*

Toile. Haut., 54 cent; larg., 64 cent. 1/2.

SISLEY

76 — *Le Printemps.*

Le jour se lève : c'est le printemps. A gauche, les arbres alignés semblent tout roses sous la lueur qui les éveille ; à droite, les champs, aux cultures diverses, s'illuminent de clartés, puis une cabane de bois et torchis apparaît couverte de chaume. Entre la cabane et la rangée d'arbres, une rivière qui descend avec des allures de torrent et, dans le ciel, de l'azur, des nuées diaphanes, de la gaieté.

De cette nature, interprétée en une formule si curieuse de synthèse, on sent toutes les fibres qui se gonflent de sève.

Signé à droite, en bas : *Sisley, 91.*

Toile. Haut., 59 cent.; larg., 81 cent.

THAULOW

(FRITS)

77 — *Les Bords de l'Escaut.*

Au premier plan, le fleuve aux eaux grises secouées de petites vagues; puis, à gauche, au fond, la rive boisée sur laquelle on a mis à sec une barque. A droite, au fond, de l'autre côté du coude que fait le fleuve, un chaland et une barque s'éloignent. Plus loin, un bateau avec une voile rouge. Plus loin encore, l'autre rive plantée d'arbres ou construite et dominée par un moulin.

Signé à droite, en bas : *Frits Thaulow.*

Toile. Haut., 46 cent. 1/2 ; larg., 54 cent.

THAULOW

(FRITS).

78 — *Relais de poste en Norwège.*

Au fond, une construction de bois peinte en blanc. A droite, une autre construction peinte en rouge. Les premiers plans sont occupés par la cour, dont le sol est en partie vêtu d'herbes vertes. Vers la gauche, quelques poules picorent. Vers la droite, un homme conduit un cheval isabelle. Il va rentrer à l'écurie. A droite, au fond, entre les lignes des toits, on aperçoit une montagne boisée et un coin de ciel blanc.

Signé à gauche, en bas : *Frits Thaulow, 90.*

Toile. Haut., 54 cent.; larg., 1 mètre.

THAULOW

(FRITS)

79 — *A Audenarde, le soir.*

Au premier plan, une eau courante avec de beaux reflets frissonnants. Au fond, émergeant d'une ceinture de verdure, les constructions dont les murs aux crépis frustes reçoivent les dernières clartés du jour.

Toile. Haut., 40 cent.; larg., 32 cent. 1/2.

Vente Arsène Alexandre.

THAULOW

(FRITS)

80 — *L'Hiver en Norwège.*

Le chemin qui rampe le long de la pente est couvert de neige. Au fond, entre les troncs des pins, on aperçoit une maisonnette. A droite, dans les premiers plans, une croix de bois noir, enfoncée dans la roche.

Signé à droite, en bas : *Frits Thaulow*, *82*.

Panneau. Haut., 55 cent.; larg., 40 cent.

THAULOW

(FRITS)

81 — *La Place du Château Royal, à Copenhague.*

Au milieu de la place, une statue équestre, vue de dos, sur un haut piédestal. A gauche, l'entrée du Château Royal ; au fond, à l'extrémité d'une avenue, un édifice. Ciel gris.

Signé à droite, en bas : *Frits Thaulow*, *82*.

Panneau. Haut., 32 cent.; larg., 36 cent.

TROUILLEBERT

82 — *La Plage à marée haute, Grand-Camp.*

Signé à gauche, en bas : *Trouillebert.*

Toile. Haut., 20 cent.; larg., 40 cent.

VEYRASSAT

83 — *Les Chevaux de halage.*

Le long du chemin, au bord de la rivière, les deux chevaux de halage, l'un blanc, l'autre bai clair, tirent un chaland. Derrière eux, on aperçoit les maisons d'un village et, sur la rive opposée, des arbres aux frondaisons rouillées par l'automne. Le ciel est clair, avec des stries blanches et grises.

Signé à droite, en bas : *J. Veyrassat.*

Panneau. Haut., 20 cent. ; larg., 32 cent. 1/2.

Vente Samatte, de Marseille (1904).

VIGNON

84 — *La Maison isolée, effet de neige.*

C'est l'hiver. Dans la rue qui monte, une paysanne, qui vient de puiser un seau d'eau, suit le sillon tracé par les passants précédents. A droite, un mur, une porte. A gauche, un talus aux herbes chauves planté d'arbres aux branches dépouillées. Au tournant du chemin, une habitation se dresse avec un escalier latéral qui domine le mur de clôture. Ciel gris.

Signé à gauche, en bas : *V. Vignon.*

Toile. Haut., 42 cent.; larg., 33 cent.

VIGNON

85 — *Hameau de Jouy-le-Comte.*

Au flanc du coteau, le hameau dresse ses maisons et dessine sa rue entre deux longs murs. A gauche, à l'extrémité d'un sentier plus bas que les maisons, un lavoir communal. Plus bas encore, dans les premiers plans, une paysanne ramasse du bois mort; elle est debout contre un des arbres qui se dressent sur la pente verte.

Signé à gauche, en bas : *V. Vignon, 86.*

Toile. Haut., 33 cent.; larg., 41 cent.

VIGNON

86 — *Hameau de Bonneville.*

C'est au commencement du printemps, par un matin clair : un soleil frais caresse les murs des fermes qui se trouvent à droite et vers le fond. Dans le pré, aux herbes qui croissent d'un vert tendre, un sentier est tracé que suit une paysanne portant un panier au bras droit et un autre sous le bras gauche. A gauche, un arbre aux branches dépouillées semble mort dans cette nature qui s'éveille. Le ciel est bleu, avec quelques nuages blancs.

Signé à droite, en bas : *V. Vignon.*

Toile. Haut., 38 cent.; larg., 46 cent.

VIGNON

87 — *La Route.*

A gauche, au bord de la route, le hameau entasse ses maisons, que domine le petit clocher de l'église. A droite, c'est la campagne avec des buissons. Au premier plan, à gauche, un gamin devant une haie se tient debout, et, de sa main gauche levée, se fait une visière contre le soleil. Au fond, à droite, on aperçoit, dans une ambiance claire, la cime des arbres d'un bois.

Signé à gauche, en bas : *Vignon.*

Toile. Haut., 33 cent.; larg., 41 cent.

Vente Dachery.

VIGNON

88 — *Le Chemin de Four, à Auvers.*

A gauche, le chemin qui monte. A droite, à mi-côte, des constructions coiffées de tuiles rouges, au-dessus desquelles on aperçoit le clocher de l'église. Une femme en marmotte blanche et rouge monte la côte plantée d'arbres. C'est l'hiver : les branches sont dépouillées, et dans le ciel clair cependant, les nuages sont balayés par la rafale.

Signé à gauche, en bas : *V. Vignon.*

Toile. Haut., 32 cent.; larg., 41 cent.

VIGNON

89 — *Le Vieux chemin, à Four.*

Entre les masures coiffées de chaume ou de tuiles brunes, le chemin serpente, montrant son sol dont les pas ont usé l'herbe. Une femme le suit en caraco noir, capeline blanche et tablier de toile bise, un panier au bras droit. A gauche, des bruyères sont plantées au pied d'un mur. A droite, un massif d'arbres se dresse devant un autre mur. Au fond, plus haut que les toitures, un arbre aux branches orphelines de feuilles se dresse sur un fond de ciel bleu illuminé de soleil blanc.

Signé à droite, en bas : *V.-R. Vignon, 84.*

Toile. Haut., 26 cent.; larg., 36 cent.

VIGNON

90 — *Le Clos Pollet.*

Le clos, bordé d'une haie, est entouré des fermes basses aux toitures rouges ou brunes. Sur le sol, dont l'herbe a été fauchée, se dresse un pommier aux branches capricieusement torturées et dépouillées de feuilles. Dans le clos, une paysanne, vue de dos, s'éloigne vers la droite. Elle est vêtue d'un caraco noir, d'une jupe brune protégée par un tablier bleu et coiffée d'un fichu rose. Quelques nuées blanches s'envolent au-devant du ciel bleu.

Signé à gauche, en bas : *V. Vignon.*

Daté à droite, en bas : *87.*

Toile. Haut., 32 cent.; larg., 41 cent.

VIGNON

91 — *Verger abandonné, Jouy-le-Comte.*

Dans le verger abandonné, que domine un arbre, les ceps ont monté, le sol est hérissé d'herbes drues. Une paysanne en tablier bleu, corsage brun, pèlerine noire et madras rouge, vient y faire du bois mort : c'est l'hiver. Plus haut que les branches, on aperçoit les maisons, puis le clocher de l'église, puis le flanc d'un coteau.

Signé à gauche, en bas : *V. Vignon.*

Toile. Haut., 31 cent. ; larg., 40 cent. 1/2.

VIGNON

92 — *Le Clos Pollet.*

Signé à gauche, en bas : *V. Vignon.*

Toile. Haut., 33 cent.; larg., 41 cent. 1/2.

VIGNON

93 — *L'Automne au village.*

Signé à droite, en bas : *V. Vignon.*

Toile. Haut., 33 cent.; larg., 46 cent.

VIGNON

94 — *La Grande Rue au village.*

Signé à gauche, en bas : *V. Vignon.*

Toile. Haut., 38 cent. 1/2 ; larg., 46 cent. 1/2.

VIGNON

95 — *Le Chemin de Four, à Auvers.*

Les maisons sont alignées au pied du coteau, aux flancs duquel les cultures s'indiquent en leurs harmonies variées de ton. Le chemin qui débouche d'une ruelle se continue à travers un pré et deux paysannes s'avancent, la première coiffée d'un fichu rouge et portant un panier au bras gauche. Le ciel bleu, marqué de nuées blanches, est traversé par un vol d'oiseaux.

Signé en bas, vers la gauche : *V. Vignon.*

Toile. Haut., 31 cent.; larg., 40 cent.

VIGNON

96 — *Le Repos de la paysanne.*

Au bord du chemin, sous bois, la paysanne s'est assise sur un banc de gazon. Elle est vue de trois quarts à droite, en jupe noire, abritée par un tablier bleu et en caraco gris. Un châle de laine lui sert de mantille sur ses cheveux châtain clair. Elle s'appuie des deux mains sur le sol. Près d'elle, un panier qu'elle a rempli d'herbes et de fleurettes. Sa silhouette se détache sur un rideau d'arbres au feuillage léger.

Signé à droite, en bas : *V. Vignon.*

Toile. Haut., 53 cent. ; larg., 63 cent.

VIGNON

97 — *Soleil du matin.*

Le chemin se dessine entre les maisonnettes, séparées l'une de l'autre par des massifs de verdure. A droite, le long du mur exposé au soleil levant, une clarté blonde vient chanter sur le crépit fruste. Dans le ciel bleu, quelques nuages planent, blancs, ourlés de lumière.

Signé à gauche, en bas : *V. Vignon.*

Toile. Haut., 52 cent.; larg., 63 cent.

VOGLER

98 — *Les Meules sous la neige.*

Signé à gauche, en bas : *P. Vogler.*

Toile. Haut., 43 cent. ; larg., 55 cent.

VOGLER

99 — *La Passerelle.*

Signé à gauche, en bas : *P. Vogler.*

Toile. Haut., 43 cent.; larg., 55 cent.

VOGLER

100 — *Le Train.*

A droite et à gauche, la campagne séparée de la voie par des haies au feuillage rouillé. Au milieu, la voie sur laquelle s'avance un train. Au fond, au-dessus des collines, un ciel bleu où le soleil met des stries fauves.

Signé à gauche, en bas : *P. Vogler.*

Toile. Haut., 46 cent. 1/2 ; larg., 55 cent. 1/2.

VOGLER

101 — *L'Abreuvoir.*

Au tournant de la grand'route, l'abreuvoir communal étend sa nappe d'eau. Un garde-fou en fer court autour. Des arbres aux frondaisons rouillées s'y réfléchissent. Au fond, les maisons de la ville sous un ciel bleu.

Signé à gauche, en bas : *Vogler.*

Toile. Haut., 52 cent.; larg., 64 cent.

VOLLON

(A.)

102 — *Le Casque.*

Sur une table, différentes natures mortes ; un casque qui se détache sur un fond de draperie rouge, un ciboire de vermeil, une coupe d'or, une poignée d'épée à garde italienne, un livre d'heures recouvert de velours vert, une médaille d'or, un collier de perles et de pierres et une bague d'or à chaton de cornaline.

Signé à gauche, en bas : *A. Vollon.*

Panneau. Haut., 63 cent.; larg., 50 cent. 1/2.

VOLLON

(A.)

103 — *Un Coin de cuisine.*

Sur une table de cuisine, une bassine à confitures, une tranche de potiron, des pêches, deux tomates et une poterie vernissée verte dans laquelle plonge une cuiller à pot.

Signé à gauche, en bas : *A. Vollon.*

Toile. Haut., 60 cent.; larg., 93 cent. 1/2.

VOLLON

(A.)

104 — *Vase de fleurs.*

Sur une table, un vase contenant des œillets. Sur la table, à côté du vase, un petit bouquet de violettes.

Signé à gauche, en bas : *A. Vollon.*

Panneau. Haut., 31 cent. 1/2; larg., 24 cent.

VOLLON

(A.)

105 — *Violettes et roses.*

Dans un vase en porcelaine de Chine, une touffe de violettes et une rose de Nice. Sur la table, près du vase, un écrin de peluche grenat, d'où a glissé une bague à chaton d'émeraude.

Signé à droite, en bas: *A. Vollon.*

Panneau. Haut., 24 cent.; larg., 17 cent. 1/2.

ZIEM

106 — *Pêcheurs relevant leurs filets.*

Pendant la marée haute, les pêcheurs sont en train de céner. Ils tirent à terre leurs filets. A droite, plus loin qu'un topo-pêcheur à ligne de fond, on aperçoit Venise. A gauche, sur l'horizon, quelques bragosi dessinent leurs voiles aux couleurs vives. Le ciel est bleu, avec d'amples lumières blondes.

Signé à droite, en bas : *Ziem.*

Panneau. Haut., 35 cent.; larg., 64 cent.

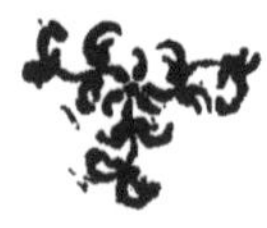

www.ingramcontent.com/pod-product-compliance
Ingram Content Group UK Ltd.
Pitfield, Milton Keynes, MK11 3LW, UK
UKHW021502260726
13993UKWH00004B/1530